Sementes
DE AMOR

A sabedoria de *Santa Dulce dos Pobres* em pensamentos

Sementes
DE AMOR

ORGANIZADO POR
Carla Maria Silva, Osvaldo Gouveia e Marcela Avendaño

SALVADOR
EDITORA MARTINS & MARTINS
2019

CONSELHO EDITORIAL

Aurélio Schommer

Flávia Goulart Rosa

Rita Aragão

Severino Martins

Todos os direitos desta edição reservados à
EDITORA E DISTRIBUIDORA DE LIVROS MARTINS E MARTINS LTDA
Rua Comendador Gomes Costa, 49 – Barris – 40070-120 – Salvador/BA
Telefax: (71) 3013-6592
E-mail: edmartinsemartins@gmail.com
www.gruposmartins.com.br

Editora filiada ao Sindicato Nacional dos Editores de Livros (SNEL)

Copyright © 2019, Memorial Irmã Dulce.

Grafia atualizada conforme o Acordo Ortográfico da Língua Portuguesa de 1990, em vigor no Brasil desde 2009.

Proibida a reprodução, armazenamento ou transmissão de partes deste livro, através de quaisquer meios, sem prévia autorização por escrito.

PROJETO GRÁFICO
DecStudio

FOTOS CAPA E SEPARATRIZES
Acervo Memorial Irmã Dulce

REVISÃO
Susane Barros

FICHA CATALOGRÁFICA

S471 Sementes do amor: a sabedoria de Santa Dulce dos Pobres em
pensamentos / Carla Maria Silva, Osvaldo Gouveia, Marcela
Avendaño, organizadores. – Salvador: Martins e Martins,
2019.
144 p.: il.; 13 cm

ISBN: 978-85-65063-28-9
Contém algumas fotografias de Irmã Dulce.

1. Dulce, Irmã, 1914-1992 – meditações. 2. Religião.
3. Teologia social. I. Silva, Carla. II. Gouveia, Osvaldo.
III. Avendaño, Marcela. IV. Título.

CDD: 260

Elaborada pela bibliotecária Normaci Sena – CRB5 1788

MENSAGEM DO EDITOR

A nossa Irmã Dulce, a quem já podemos chamar de Santa Dulce dos Pobres, sempre labutou pedindo aos mais favorecidos, cidadãos e empresários tudo o que ela precisava para amenizar o sofrimento e até salvar vidas dos pobres e degradados da cidade de Salvador, no estado da Bahia, e em especial na Cidade Baixa.

Desde 1979, quando cheguei a essa terra tão acolhedora, vindo de uma família simples, sem recursos e em busca de oportunidade de trabalho, comecei a olhar para as suas obras com admiração e confiança. Em 2002, recebi um quadro com a imagem da Irmã Dulce, doado pelo Sr. Osvaldo Gouveia (Assessor de Memória e Cultura das Obras Sociais Irmã Dulce), nele estava escrito "Tenha fé, continuo presente". O tempo passou, e com trabalho e muita fé, estou agora, empresário e editor, lançando um livro cheio de belos pensamentos. Uma obra escrita pela própria Santa Dulce dos Pobres, para todos os seres humanos desta terra cheia de dificuldades no desígnio que acreditemos que somos capazes de tornar o mundo melhor. Ela nos dá razões para acreditar que isso é possível.

Os editores,
Severino Martins e Claudio Neves

SUMÁRIO

Prefácio	... 11
A Santa dos nossos tempos	... 15
A fé	... 23
A caridade	... 61
A questão social	... 77
A essência humana	... 93
Sua obra	... 113
Fontes	... 139

PREFÁCIO

Não conheci pessoalmente Irmã Dulce – melhor: Santa Dulce dos Pobres. Contudo, como seu nome e sua fama ultrapassaram, ainda em vida, os limites da cidade de Salvador e do estado da Bahia, há muito tempo ela é minha conhecida – e, por que não dizer? – minha amiga. Se eu tivesse imaginado que um dia seria o responsável pela Arquidiocese que foi a dela, onde ela viveu, trabalhou e se santificou, teria visitado Salvador para encontrá-la e, levado por suas mãos, iria conhecer a sua obra. Vejo, contudo, que isso foi providencial: não a conheci pessoalmente, mas conheço sua obra. Nosso Mestre nos ensina que pelos frutos se conhece uma árvore. (cf. Mt 7,16-20) E a "árvore" que ela foi e que aqui plantou espalhou profundas raízes em toda a região, produzindo frutos de bondade, solidariedade e amor. Que o digam as milhares de pessoas que, doentes e sofridas, diariamente batem às portas de suas obras.

Conheço diversas facetas da personalidade de Santa Dulce dos Pobres, graças a pessoas que a conheceram pessoalmente. Quando elas falam, mais do que por palavras, é pelo brilho de seu olhar que expressam a admiração que continuam tendo por aquela mulher cujo carinho e espírito de serviço as encantou. As marcas do amor que ela teve por Jesus Cristo e, por causa dele, pelos pobres, ficaram nos corações daqueles que testemunham o privilégio de tê-la conhecido e de ter trabalhado a seu lado. Esses testemunhos dariam matéria para um excelente livro. Mas, se o que outros dizem a seu respeito é importante, o que pensar do que ela mesma falou e escreveu em cartas e bilhetes? SEMENTES DE AMOR resgata uma parte desse rico material.

Jesus nos antecipou qual será a matéria do nosso julgamento final: "Eu estava com fome, e me destes de comer; estava com sede, e me destes de beber; eu era forasteiro, e me recebestes em casa; estava nu, e me vestistes; doente, e cuidastes de mim; na prisão, e viestes até mim" (Mt 25, 35-36). Por isso, o reconhecimento que a Igreja está fazendo a respeito de Irmã Dulce nada mudará para ela. O reconhecimento que realmente importa para a sua vida eterna é aquele que o Senhor Jesus, juiz dos vivos e dos mortos, lhe faz. Acontece, contudo, que todos nós, batizados, temos uma mesma vocação: a santidade. Ao escrever aos fiéis de Tessalônica, o apóstolo Paulo os advertiu: "Esta é a vontade de Deus:

a vossa santificação" (1Ts 4,3). Anos depois, dirigindo-se à comunidade de Éfeso, ele completou essa ideia: Deus nos escolheu em Cristo antes da criação do mundo, "para sermos santos e irrepreensíveis, diante de seus olhos" (Ef 1,4).

Jesus é o mestre e o modelo de toda santidade. Seremos santos, se o imitarmos. Para os que julgam isso difícil ou até mesmo impossível, a Igreja apresenta pessoas que aceitaram o desafio de ser santas e passaram seus dias imitando Jesus. Santa Dulce dos Pobres foi uma delas. Com propriedade, ela pode assumir o testemunho que o apóstolo Paulo deu de si mesmo: "Eu vivo, mas não eu: é Cristo que vive em mim!" (Gl 2,20)

Dom Murilo S. R. Krieger, SCJ
Arcebispo de São Salvador da Bahia – Primaz do Brasil

A SANTA DOS NOSSOS TEMPOS

14 março de 1992. Mais de 20 mil pessoas tomaram as ruas do bairro do Comércio, em Salvador, formando uma fila de mais de dois quilômetros. Era o adeus a Irmã Dulce. Aos 77 anos, a freira que se tornou conhecida em todo o país como símbolo de bondade e fé, que mereceu o testemunho de admiração por parte do papa João Paulo II, morrera no dia anterior, após 16 meses de agonia.

Na Basílica de Nossa Senhora da Conceição da Praia, onde Irmã Dulce foi sepultada, o presidente da República, o governador do estado, o prefeito da capital, senadores, deputados, banqueiros, industriais, artistas famosos se misturavam ao povo anônimo das ruas da cidade. Mendigos, deficientes físicos, meninos e meninas de rua.

Os "filhos" de Irmã Dulce estavam todos ali, expressando a sua imensa dor. Muitos deles esperaram por mais de quatro horas, na imensa fila do lado de fora da igreja, para vê-la pela última vez. Gente pobre, coberta de farrapos, moradores das ruas, acostumados a sofrer em silêncio as maiores dores da vida, estavam ali aos prantos.

Maria Rita de Souza Brito Lopes Pontes nasceu em 26 de maio de 1914. Aos 13 anos já havia transformado a casa da família em centro de atendimento a pessoas carentes. Seis anos depois, após a formatura como professora, entrou para a Congregação das Irmãs Missionárias da Imaculada Conceição da Mãe de Deus, na cidade de São Cristóvão, em Sergipe. Em 13 de agosto de 1933, aos 19 anos, iniciou o noviciado e quando também recebeu o nome de Irmã Dulce, em homenagem à sua mãe.

A primeira missão de Irmã Dulce como freira foi no Hospital Espanhol, em Salvador, trabalhando em diversas funções. Mas, o seu pensamento estava voltado para o trabalho com os pobres. Já em 1936, dava assistência à comunidade pobre dos Alagados e de Itapagipe, também na Cidade Baixa, área onde viriam a se concentrar as principais atividades das Obras Sociais Irmã Dulce.

Os primeiros anos do trabalho da jovem missionária foram intensos. Em 1936, ela fundou a União Operária São Francisco, primeiro movimento cristão operário da Bahia. Em 1937, implantou o Círculo Operário da Bahia. Em maio de 1939, inaugurou o Colégio Santo Antônio, escola voltada para operários e seus filhos, no bairro da Massaranduba.

Nesse mesmo ano, Irmã Dulce começou a plantar as primeiras sementes do que viria a ser o Hospital Santo Antônio. No início, abrigava doentes em casas abandonadas, no velho Mercado do Peixe e nos arcos da Colina do Bonfim, onde providenciava alimentos, remédios e contava com assistência de médicos amigos, os primeiros de uma longa lista de profissionais voluntários.

A solução para o problema de espaço veio por intermédio do próprio convento das Irmãs Missionárias da Imaculada Conceição da Mãe de Deus, estabelecido desde 1947 no Largo de Roma, em Salvador, próximo ao Círculo Operário. Com a autorização de Madre Superiora, Irmã Dulce transformou num albergue, onde instalou 70 doentes, uma área antes ocupada pelo galinheiro do convento. Em 1960, era oficialmente inaugurado o Albergue Santo Antônio, já então com 150 leitos.

O trabalho de Irmã Dulce desde cedo chamou a atenção dos baianos, impressionados com a coragem e a determinação daquela jovem freira, aparentemente tão frágil, que recolhia e abrigava doentes e mendigos pelas ruas de Salvador, que incessantemente circulava no comércio da cidade em busca de doações.

Pedir para os pobres nunca envergonhou Irmã Dulce. De forma obstinada e com fé inabalável, ela pedia e recebia o que as pessoas podiam dar, e assim conseguia abrir várias portas. Sustentava-a a convicção de que *"quando cada um faz um pouco, o pouco de muitos se soma"*. Dessa forma, mesmo vivendo os últimos 30 anos da sua vida com a saúde abalada seriamente – tinha 70% da capacidade respiratória comprometida – ela construiu uma das maiores e mais respeitadas instituições filantrópicas do país.

Com 60 anos de fundação em 2019, a obra social construída por Irmã Dulce tem o respeito e o apoio de toda a sociedade brasileira. O trabalho de assistência médica, social e educacional, inteiramente gratuitos e com o mais elevado padrão de qualidade, mereceu reconhecimento de importantes instituições e organismos nacionais e internacionais, expresso em prêmios como o Clarence Moore, concedido pela Pan-American Health and Education Foundation, o Prêmio Bem Eficiente, este último conquistado por duas vezes, em 1997 e 2000, os Prêmios Rainha Sophia e o Rainha Letícia, na Espanha em 2007 e 2015 respectivamente, e o Prêmio Melhor Organização Não Governamental da Região Nordeste do País, em 2018.

Hoje, as Obras Sociais Irmã Dulce realizam mais de 3,5 milhões de procedimentos ambulatoriais por ano a usuários do Sistema Único de Saúde (SUS), entre idosos, pessoas com deficiência e com deformidades craniofaciais, pacientes oncológicos, crianças e adolescentes em situação de risco social, dependentes de substâncias psicoativas e pessoas em situação de rua.

Em 2000, numa pesquisa de opinião pública realizada pela revista *Istoé*, Irmã Dulce foi escolhida por brasileiros de todos os estados como a religiosa brasileira do século XX. Em janeiro desse mesmo ano, o Papa João Paulo II a distinguiu como Serva de Deus, atestando ter ela em vida servido à causa da fé. No dia 22 de maio de 2011 foi beatificada, quando recebeu o título de Bem-aventurada Dulce dos Pobres. No dia 13 outubro de 2019 foi declarada Santa Dulce dos Pobres, pelo Papa Francisco, sendo o seu Processo de Beatificação e Canonização, o terceiro mais rápido da história recente, 27 anos após seu falecimento.

Os Organizadores

"A força de Irmã Dulce não se encontra em suas obras materiais, tampouco nos serviços maravilhosos que presta aos desvalidos, mas, sobretudo, no conteúdo de espiritualidade que possui. É verdadeiramente essa energia interior, que vem de Deus, a explicação do milagre que se registra, todos os dias, em nossa Capital (Salvador), tão cheia de belezas e de atrativos, mas tão sobrecarregada de problemas e de dramas sociais."

Cardeal Dom Avelar Brandão Vilela
Arcebispo de Salvador e Primaz do Brasil (1912 – 1986)

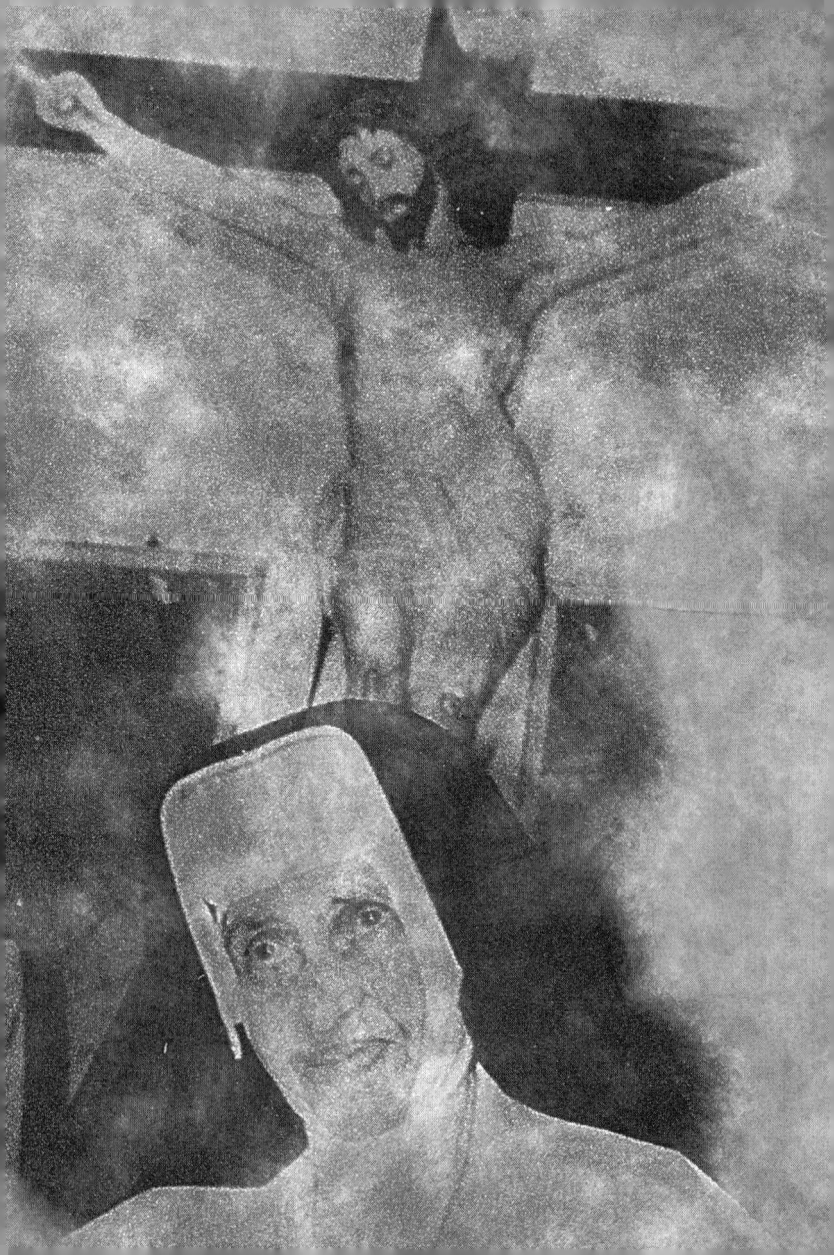

À fé

PODEMOS rezar até mesmo enquanto dormimos, oferecendo a Deus a nossa respiração como pedido de perdão para os pecados nossos e do mundo inteiro. E cada palpitação do coração, como um gesto de amor oferecido a Deus, que tanto nos amou e ama. Assim, mesmo dormindo, rezemos!

NA COMUNHÃO "Ele se faz Um" conosco e dessa união admirável é que nos vem toda força espiritual que nos faz aceitar o sofrimento, as incompreensões, os problemas, tudo enfim, porque temos a certeza que Ele está presente. Sendo assim não trabalho e nem sofro sozinha... São coisas que só quem as vive pode compreender.

CONFIEMOS cegamente em Deus e, animados por essa fé, suportemos com amor e resignação todas as preocupações que se apresentam. Se soubermos viver com fé, o sofrimento torna-se mais fácil.

TODOS NÓS somos fracos, fraquíssimos, sem a graça de Deus. E é imprescindível procurar sustentar essa graça para não cair.

NÃO EXISTE nada mais sublime do que ser toda de Deus. Procuremos coragem com a graça extraordinária que Deus nos concedeu da vocação religiosa, cumprindo os nossos deveres, sobretudo a oração, a caridade fraterna, a humildade, o saber perdoar uns aos outros e fazer o máximo para sermos bons exemplos para o nosso próximo, para aqueles com quem convivemos.

FIQUEM FIRMES, não esmoreçam diante das dificuldades, diante dos problemas que possam surgir. Com fé, se vence tudo. Nas horas difíceis, diante do Sacrário, fale com Jesus, diga a Ele que a nossa vida é d'Ele e, portanto, Ele é quem vai cuidar dos nossos problemas e dificuldades. Sempre entreguei tudo a Ele e fui atendida.

DEUS é nosso organizador, o cérebro que tudo pensa e executa.

A ORAÇÃO é como o ar para a nossa alma. Sem o ar não podemos viver... sem a oração ficamos fracos espiritualmente.

NO BARCO da vida a gente vai viajando. Quando se tem um comandante como Jesus, a viagem se torna mais fácil, apesar de todos os obstáculos que possam surgir em meio a calmarias e tempestades. É só ter fé, que Ele sempre nos guia até um porto seguro.

TUDO se torna mais fácil quando se tem fé. Não uma fé oscilante, mas uma fé firme Naquele que tudo pode e tudo nos concede.

NOS SOFRIMENTOS, lutas e tribulações devemos nos guiar pela nossa fé.

É PRECISO ver no sofrimento não apenas a dor, mas também um tesouro que devemos saber explorar em benefício da nossa alma.

NADA nos deve deter na nossa caminhada a Deus. Tristeza, desânimo, dúvidas, problemas de qualquer natureza, nada disso deve concorrer para enfraquecer a nossa vocação de sermos instrumentos da Providência Divina.

A FELICIDADE nesse mundo consiste em servir a Deus com todo o amor, com toda a dedicação. A luta, os problemas da vida tornam-se fáceis quando procuramos viver só para Ele.

A LUTA pode ser cada vez maior, porém tudo é possível e se torna melhor quando se confia em Deus.

PROCUREMOS coragem com a graça extraordinária que Deus nos concedeu, cumprindo os nossos deveres, sobretudo a oração, a caridade fraterna, a humildade, o saber perdoar uns aos outros e procurando fazer o máximo para aqueles com quem convivemos.

O AMOR supera todos os obstáculos, todos os sacrifícios. Por mais que fizermos, tudo é pouco, diante do que Deus faz por nós.

NO AMOR e na fé encontraremos as forças necessárias para a nossa missão.

A SUBLIMIDADE da nossa vida está na doação total de todo ser a Deus.

A VIDA é uma luta contínua, e temos que enfrentar as coisas que se nos apresentam com espírito de fé.

NÃO EXISTE estado mais sublime do que o da pessoa que consagra a sua vida a Deus.

TUDO que vai com Deus e com fé vai bem.

A ORAÇÃO é o alimento da nossa alma; não podemos viver sem orar. E a oração pode-se fazer em toda parte, a qualquer momento.

ÀS VEZES nos defrontamos com problemas à primeira vista insolúveis. Porém, a fé em Deus resolve tudo. Se tivermos uma fé firme em Deus, então, por mais difícil que seja o problema, sempre se encontra uma solução.

SOMOS criaturas humanas, fracas e sujeitas às tentações, mas através da oração, obtemos de Deus as graças necessárias para bem desempenhar a nossa missão.

DEVEMOS seguir certos, sempre olhando para a frente, vendo ao longe Aquele que nos aguarda, no final da estrada da vida, com a cruz nos ombros e a luz da glória que nos espera.

JESUS nos ama tanto e sofreu tanto por nós, que o muito que fizermos a Ele torna-se pouco diante do Seu amor intenso por todos os homens.

A FELICIDADE está em conseguirmos fazer das nossas vidas um ato perene de amor a Deus.

DEVEMOS ser evangelhos vivos, uma aliança no amor mútuo, uma íntima comunhão entre a alma consagrada e Deus.

É NECESSÁRIO estarmos de coração generosamente atento ao convite que Cristo nos faz, independente de qualquer condição humana.

NÓS SOMOS como um lápis com que Deus escreve os textos que Ele quer ditos nos corações dos homens.

A BELEZA está nas pessoas, nas plantas, nos bichos, em todas as coisas de Deus. É mais intensa ainda nos olhos de quem consegue ver, acima da simplicidade, a beleza com que Ele criou cada pequeno detalhe da vida.

HABITUE-SE a ouvir a voz do seu coração. É através dele que Deus fala conosco e nos dá a força que necessitamos para seguirmos em frente, vencendo os obstáculos que surgem na nossa estrada.

OS OLHOS dos que verdadeiramente veem podem facilmente encontrar Deus. Ele sempre está naquele irmão mais necessitado, que precisa de uma mão para ampará-lo na dor e no sofrimento.

HÁ MOMENTOS em que nos sentimos abandonados. É porque nos esquecemos da onipotência de Deus. Ele tudo vê. Então, é preciso acreditar e ter a certeza de que nada é impossível aos olhos Dele.

DEUS me dá vitalidade. É o meu rochedo
e o meu lugar forte. A minha fortaleza,
o meu escudo e o meu refúgio.

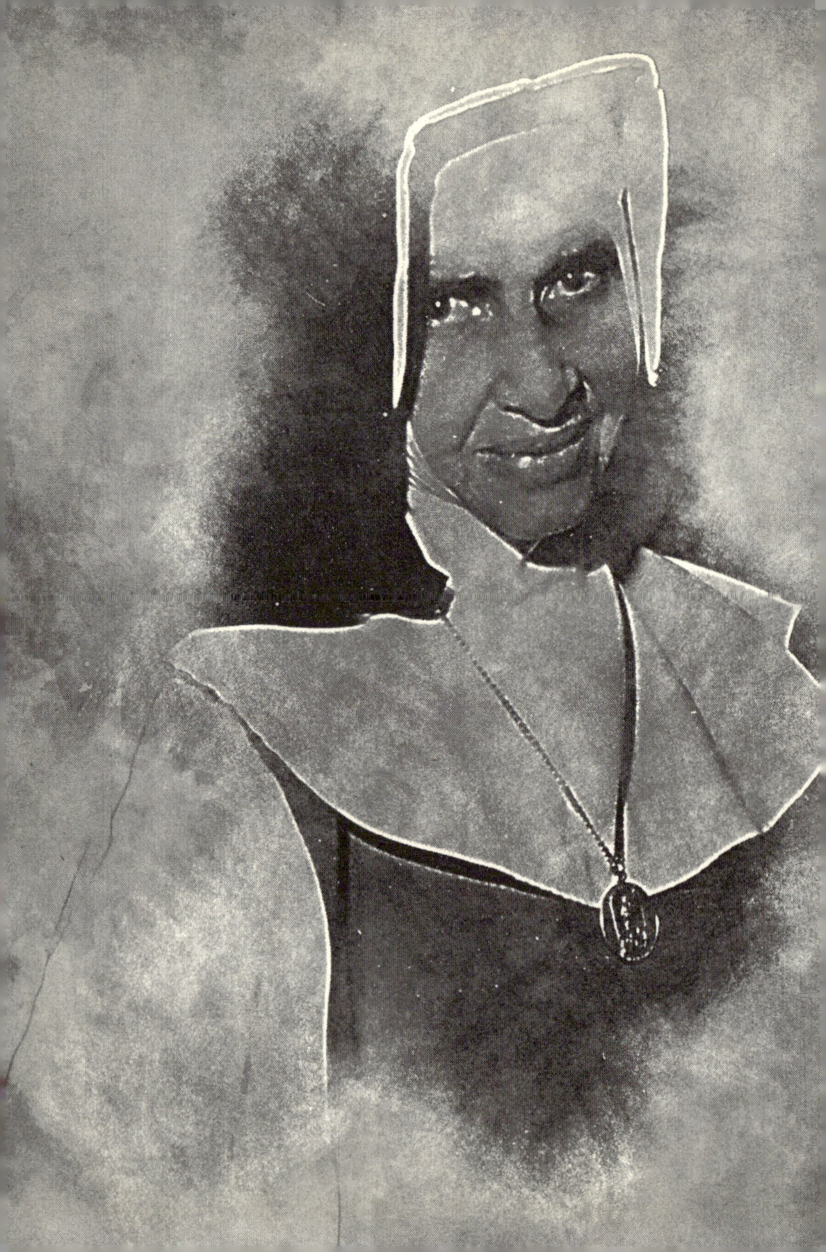

A caridade

DEUS nos ensinou a amar o próximo como a si mesmo. Mas é como a si mesmo grifado. Não como a si mesmo que dá uma esmola, um pão, um café. Como a si mesmo a gente quer mais do que isso: quer amor, quer carinho... Então eu passo na rua, vejo um doente jogado, dou um pão, dou um café e vou adiante?

MAS DEUS não atende a todos nós? Ele recusa alguma coisa quando pedimos com fé e esperança? Como vamos recusar alguma coisa ao nosso semelhante, ao nosso próximo?

SE DEUS viesse à nossa porta, como seria recebido? Aquele que bate à nossa porta, em busca de conforto para a sua dor, para o seu sofrimento, é um outro Cristo que nos procura.

SOMOS um simples e humilde instrumento de Deus. Tudo o que fazemos é uma gota d'água no oceano da nossa vida, quando buscamos servir o próximo, amparando, orientando e assistindo os que sofrem.

O BEM ao próximo tem mais valor quando operado em silêncio e com a consciência de que todo o bem que podemos proporcionar é por graça da vontade de Deus.

DEUS mandou que se fizesse setenta vezes sete, quer dizer, infinitamente. Procuremos fazer isso, além de perdoar, amar e servir.

O IMPORTANTE é fazer a caridade, não falar de caridade. Compreender o trabalho em favor dos necessitados como missão escolhida por Deus.

PROCUREMOS viver em união, em espírito de caridade, perdoando uns aos outros as nossas pequenas faltas e defeitos. É necessário saber desculpar para viver em paz e união.

AMAR a Jesus é estar sempre pronto a dizer sim. É saber se calar, aceitando tudo. É saber perdoar as falhas dos irmãos, como Jesus nos perdoa, é se dar a Ele, na pessoa da criança, do pobre, do carente.

FAÇAMOS de cada dia da nossa vida um dia santo. Façamos tudo para nos santificar cada vez mais, servindo a Deus na pessoa do próximo, com amor e alegria.

É PRECISO que todos tenham fé
e esperança em um futuro melhor.
O essencial é confiar em Deus.
O amor constrói e solidifica.

O IMPORTANTE é o amor, a caridade. A caridade de uma pessoa para outra, sem distinção. A esmola ajuda um pouco a resolver o problema, mas todos devem ajudar-se mutuamente.

CRISTO nos ensinou a dar o anzol e não o peixe àquele irmão necessitado. Mas também nos disse para dar água a quem tem sede e pão aos que têm fome. Então é preciso entender que um faminto pode não ter forças nem mesmo para pescar. Nesse caso, antes de lhe dar o anzol, precisamos lhe dar a água e o pão.

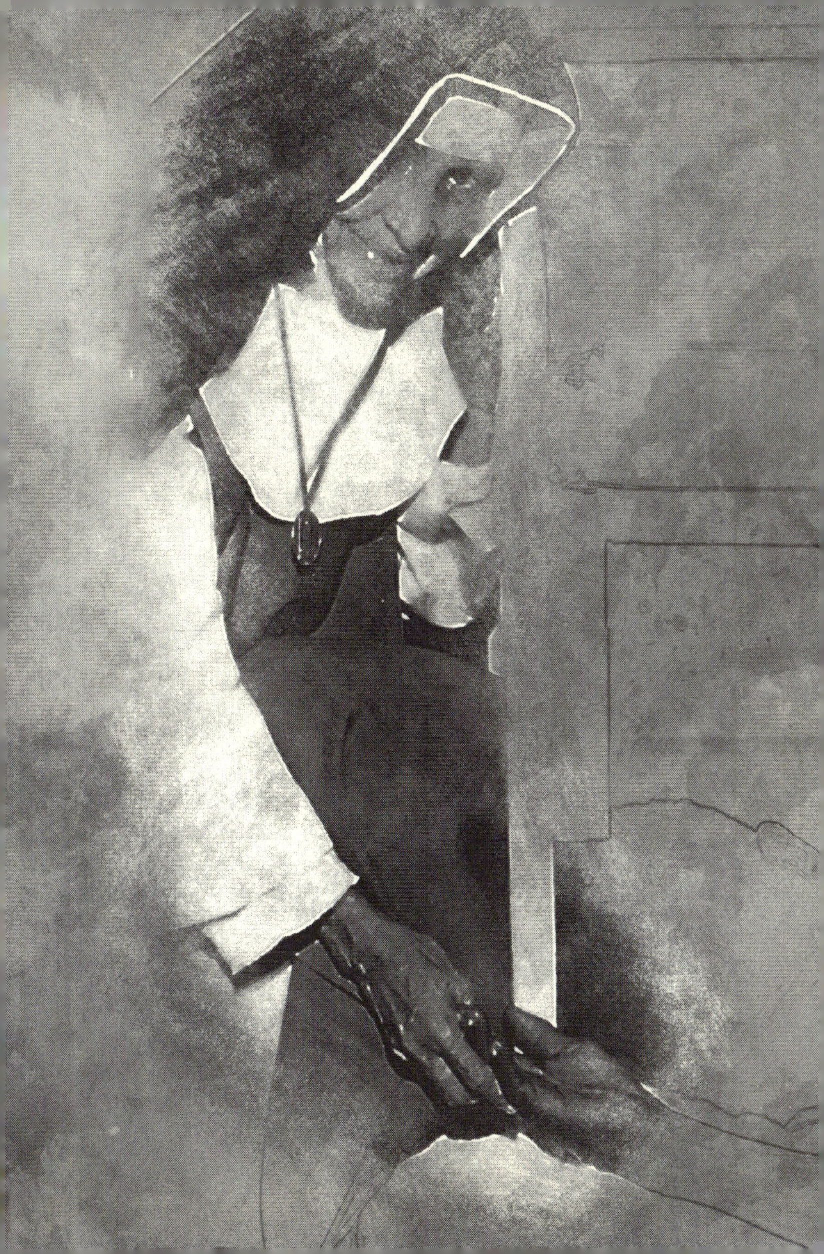

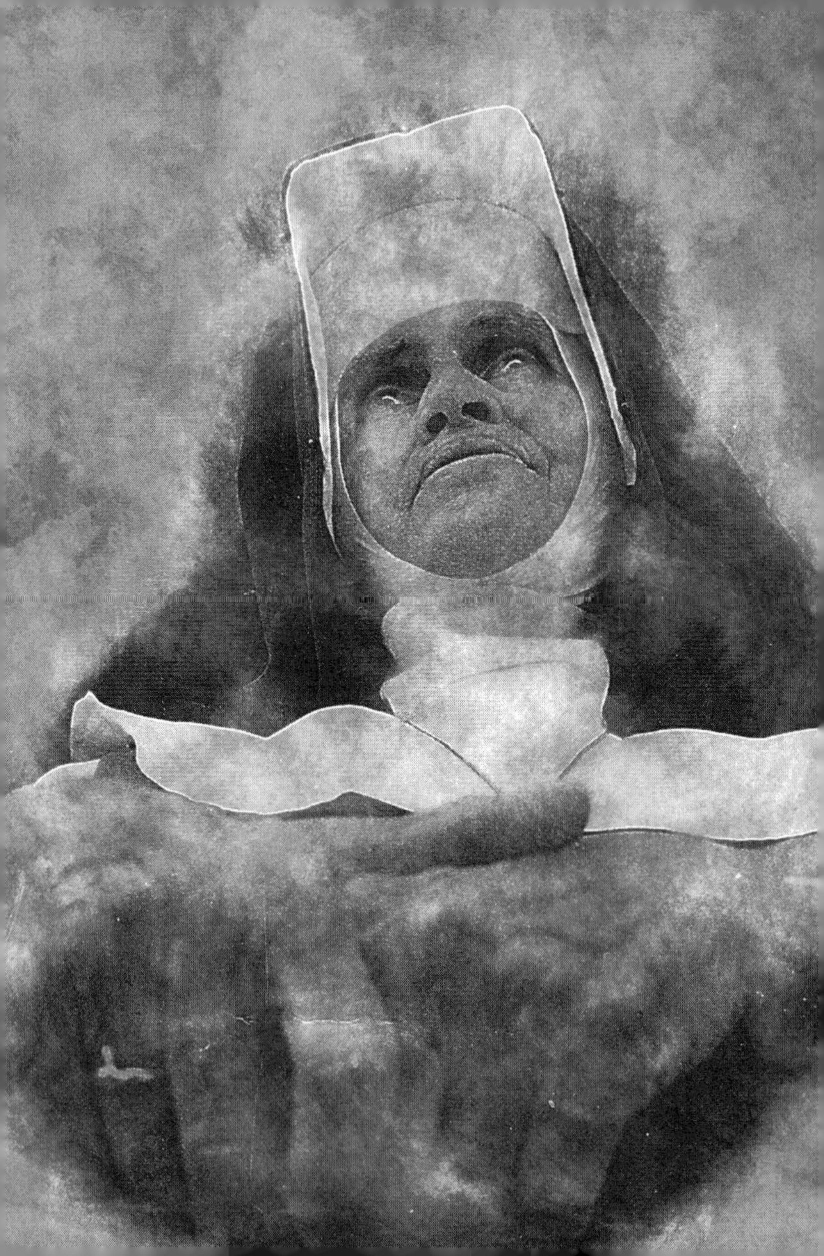

A questão social

QUANTAS vezes as lágrimas me chegam aos olhos e o meu coração dói quando vejo tanta miséria em volta de mim. Nessas horas me dá vontade de gritar: por favor me ajude!

TUDO seria melhor se houvesse mais amor.

O QUE fazer para mudar o mundo? Amar. O amor pode, sim, vencer o egoísmo.

SE CADA um fizer a sua parte, se cada pessoa se conscientizar do seu papel social, poderemos não resolver o problema da miséria no mundo, mas estaremos colaborando sensivelmente para diminuir os miseráveis e aplacar a dor de muitos sofredores.

A MINHA política é a do amor ao próximo.

GRANDE parte da miséria que hoje existe em todo o nosso país é decorrente da pouca instrução que o sertanejo possui. Deus não criou o homem para a ignorância. Uma sociedade só pode ser feliz quando o conhecimento estiver plenamente dividido entre todos os seus filhos.

SE FÔSSEMOS mais conscientes do que somos, não haveria tanta miséria no Brasil. Teríamos uma ação coletiva mais efetiva e a ação oficial não seria tão mínima.

INDIVIDUALMENTE nós nos comovemos em ajudar os que precisam, e isso é uma manifestação da fé de Deus. Mas é preciso criar estruturas de ação permanente, oficiais e da própria sociedade, para que essa fé unida seja capaz de nos fazer superar a miséria que ainda existe em nosso País.

SÓ COM AMOR, fé e dedicação é possível transformar a realidade em que vivemos.

MISÉRIA é falta de amor entre os homens.
Deus não gosta de insensíveis.

NÃO ENTRO na área da política, não tenho tempo para me inteirar das implicações partidárias. Meu partido é a pobreza.

NÃO HÁ progresso sem Deus, não há desenvolvimento sem Deus, porque Deus é fraternidade, Deus é amor, Deus é bondade, Deus é harmonia.

A FALTA do cumprimento do dever daqueles que deveriam ser para nós a luz do mundo (os governantes) não nos deve impressionar. Todos nós somos humanos e fracos, fraquíssimos, se não formos conscientes de que o que nos sustenta é a graça de Deus. E que é imprescindível procurar sustentar essa graça para não cair.

NÃO HÁ trabalho que não seja digno, mas justamente aqueles que a escala social apresenta como inferiores é que devem ser remunerados, para que os olhos de quem faz e de quem se beneficia consigam enxergar a grandiosidade de varrer um chão, recolher um lixo ou colher uma flor.

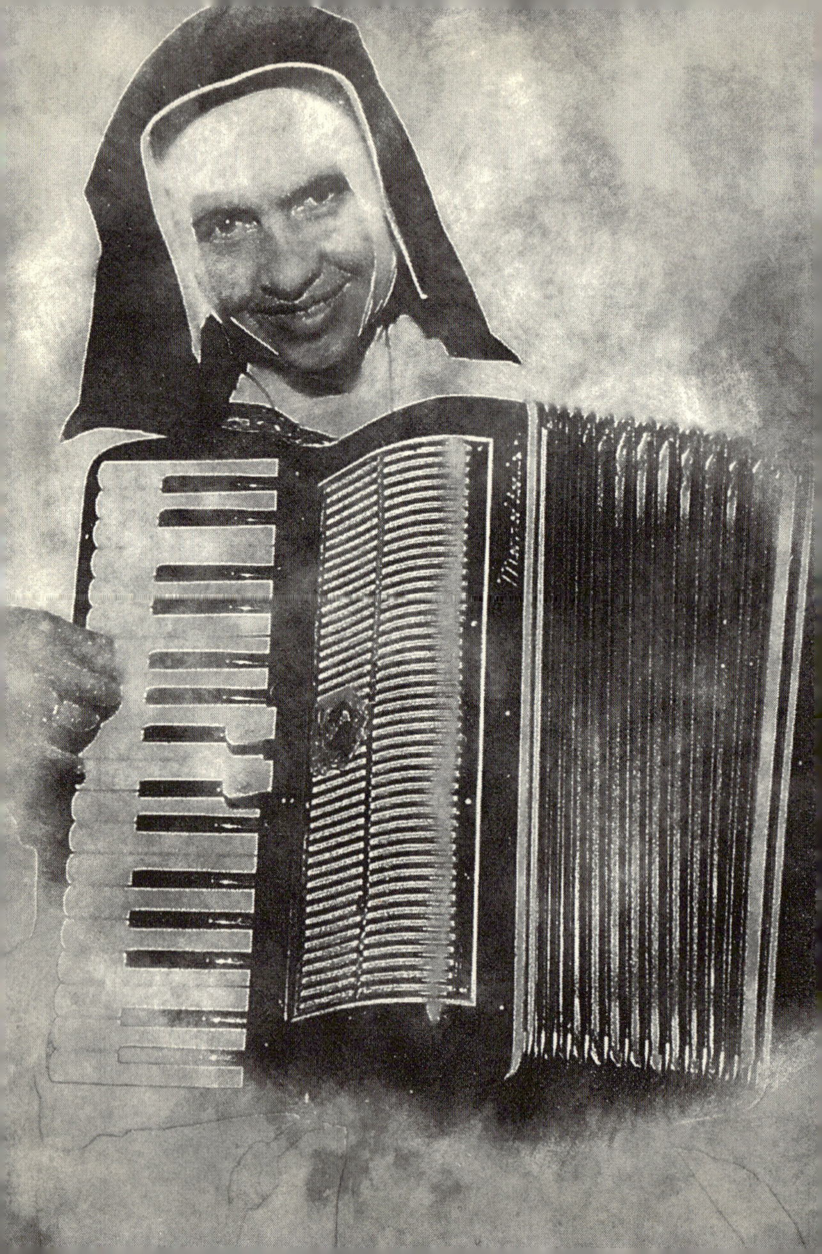

A essência humana

MUITA GENTE acha que faço demais para os pobres. Me censuram por isso. Mas, todos nós gostamos de ser bem recebidos e bem tratados. E o pobre, não tem esse direito de ser bem acolhido, de receber todos os cuidados espirituais e materiais?

DEVEMOS preparar no nosso coração um Presépio, para quando o Menino Jesus chegar na noite de Natal, encontrá-lo arrumado com muito amor. Podemos preparar um Presépio com atos de caridade, com pequenos sacrifícios, com atos de humildade e de perdão.

QUANDO estamos doentes temos tudo: os amigos, a família, a Congregação, nos arranjamos. E os pobres? Quem eles têm? Só nós, exclusivamente nós. A minha vocação é o apostolado, o meu carisma é o trabalho com os pobres, procurando salvar as suas almas, levando-as para Deus.

DEUS não se vence em generosidade
e quando o sofrimento é bem-aceito,
Ele nos recompensa largamente com
graças espirituais.

TODAS AS GRAÇAS vêm do céu, por intermédio da nossa querida Mãe Maria. Então a Ela, com mais fervor, devemos pedir a graça da perseverança, a graça de ficarmos fiéis a Deus até a morte. Devemos saber perdoar uns aos outros como queremos ser perdoados.

FAÇAMOS o possível para imitar o exemplo de nossa Mãe Maria, amando, servindo, perdoando e sabendo receber tudo que Deus nos envia para que se faça a vontade d'Ele e não a nossa.

DEUS nos transmite todas as graças que necessitamos para bem executar o nosso trabalho de amor e dedicação, sem reservas, aos nossos irmãos sofredores, os pobres.

NO CORAÇÃO de cada homem, por mais violento que ele seja, há sempre uma semente de amor prestes a brotar.

A PREOCUPAÇÃO com os bens materiais é natural, faz parte da vida do homem. Mas o importante, o que de fato valoriza a vida, são os gestos que rendem juros e correção na conta aberta em nome de cada um de nós no banco do céu.

A AGITAÇÃO do mundo de hoje e a desagregação da família levam muitos jovens ao desespero, ao vício, à revolta. Mas devemos estar também atentos aos outros jovens, aqueles que têm a sabedoria suave e ingênua dos que começam a vida, que são capazes de confortar na dor e de trazer a alegria em meio ao sofrimento. Eles podem ser o espelho perfeito para os que não conseguem se ver, que parecem sem rumo, perdidos nas suas inseguranças e incertezas.

A AGRESSIVIDADE da vida moderna violenta o corpo, a mente e corrói a alma. Precisamos estar atentos para buscar refúgio no nosso coração. É de lá que Deus, na sua misericórdia, abrigou a verdadeira paz, que nos resguarda de todos os males.

SE HOUVESSE mais amor, o mundo seria outro; se nós amássemos mais, haveria menos guerra. Tudo está resumido nisso: dê o máximo de si em favor do seu irmão, e, assim sendo, haverá paz na Terra.

SEMPRE que puder, fale de amor e com amor para alguém. Faz bem aos ouvidos de quem ouve e à alma de quem fala.

PACIÊNCIA para com os jovens. Eles têm a inquietude natural da idade, a necessidade de desvendar os profundos segredos do mundo. E a nós, que já passamos pela juventude, compete estarmos atentos, conduzindo-os com sabedoria. Mas são eles que têm que encontrar e abrir as suas próprias portas.

NA VIAGEM que Deus nos reservou na Terra, temos que estar preparados para as possíveis incertezas do tempo. Traga sempre um agasalho para se proteger nos dias cinzentos de frio e sempre tenha no rosto um sorriso pronto a se iluminar, porque o inverno não consegue resistir ao brilho da luz do sol.

O CORPO é um templo sagrado. A mente, o altar. Então, devemos cuidá-los com o maior zelo. Corpo e mente são o reflexo da nossa alma, a forma como nos apresentamos ao mundo e um cartão de visitas para o nosso encontro com Deus.

ÀS VEZES há uma dor invisível no coração. Uma dor profunda, indescritível. É a solidão, e a ela não podemos nos render. Deus criou gestos simples para curar essa dor. Remédios que estão ao alcance de todos. Pode ser abrir uma janela e olhar para o sol, ou abrir os lábios num sorriso, acreditar na generosidade e na justiça divina.

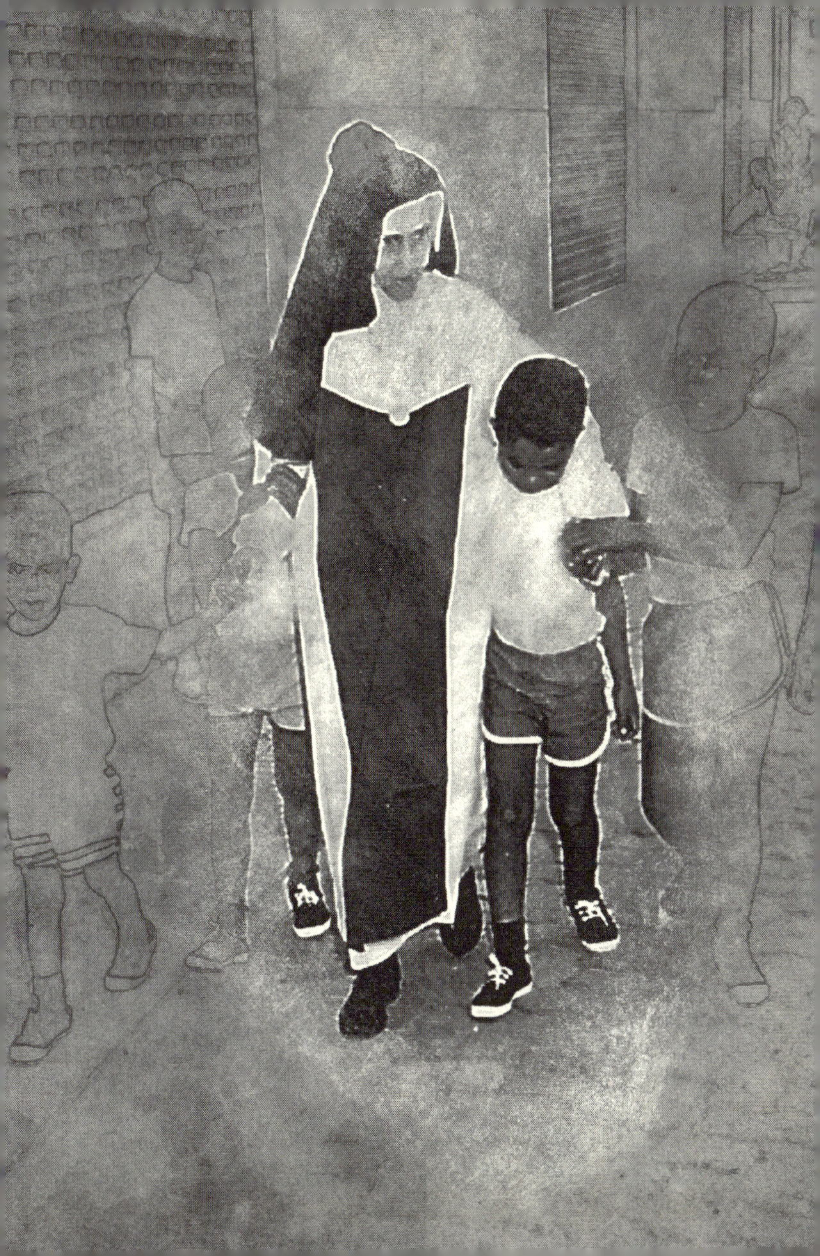

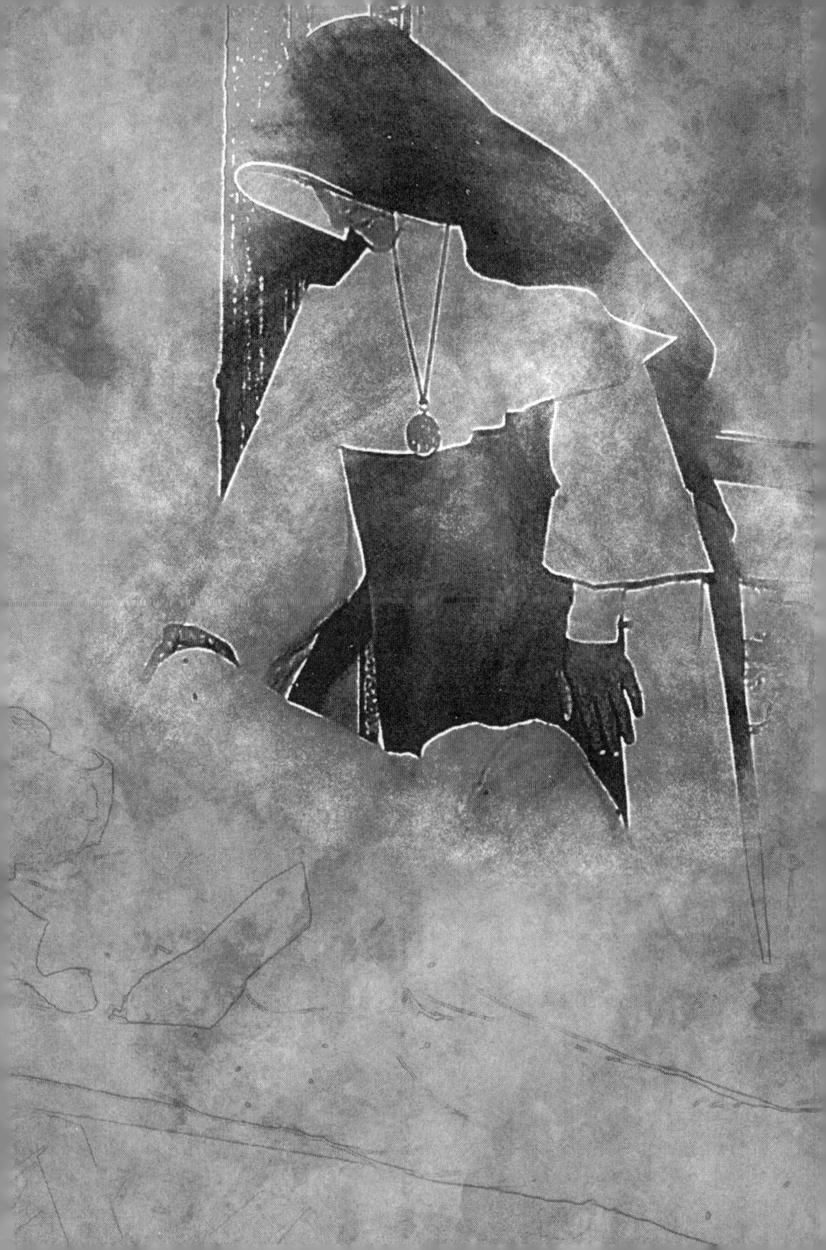

Sua obra

SEMPRE recomendo às irmãs, aos funcionários e aos médicos, principalmente aos estudantes, para que vejam no doente, que bate à nossa porta, o próprio Cristo.

NOSSO TRABALHO é bastante exaustivo, problemas diversos, inúmeras dificuldades e incompreensões. A graça de Deus e a Eucaristia nos dão forças para superar todos os obstáculos e vencer a luta do dia a dia.

NESSE TRABALHO, a doação chega ao ponto de nos esquecermos de nós próprios e vivermos a vida de nossos irmãos.

SÓ QUEM convive com o idoso diariamente, pode compreender o quanto ele sofre, o quanto é carente da palavra de Deus, de uma mão amiga...

DEVEMOS confiar incondicionalmente na Providência Divina. Nunca me preocupei como sustentaria tanta gente, tantos doentes. O trabalho é de Deus e Ele nunca deixa faltar nada aos nossos pobres.

QUANDO nenhum hospital quiser aceitar algum paciente, nós aceitaremos. Essa é a última porta e por isso eu não posso fechá-la.

DESDE o primeiro dia em que coloquei os doentes no galinheiro, me convenci de que tudo dá certo porque sou apenas um instrumento de Deus.

OBRA DE DEUS não se interrompe, porque Ele não permite. Se foi Deus quem construiu o hospital, por que haveria de sofrer interrupção? Eu nada fiz, porque nada sou. Quem faz tudo é Deus, nunca se esqueça disso.

ESSE HOSPITAL é um marco de fé, porque durante todos esses anos Deus nunca nos faltou.

AQUI não se diz ao doente para voltar de hoje a oito dias. Aqui o doente jamais é rejeitado. Sabemos que se fecharmos a porta ele morre. Se não tiver lugar, a gente aperta, coloca até embaixo das camas, mas dá um jeito. A gente vê no doente apenas uma pessoa de Deus.

APESAR de todos os problemas, temos a paz e a tranquilidade interior, resultantes da certeza de estarmos servindo a Deus na pessoa do carente, do necessitado.

SE FOSSE preciso, começaria tudo outra vez do mesmo jeito, andando pelo mesmo caminho de dificuldades, pois a fé, que nunca me abandona, me daria forças para ir sempre em frente.

AQUI nós vemos diariamente as mãos de Deus. Assistimos à repetição do milagre dos pães e dos peixes. Por isso, mesmo com todas as dificuldade, conseguimos atender todos os que nos procuram.

FOI o nosso povo, com a sua fé,
sob inspiração de Deus, que construiu
toda essa obra.

NÃO RECUSO ninguém, porque o doente
é a imagem de Deus.

A GENTE não vive a nossa vida, mas a daqueles que nos cercam e nos procuram. Estou aqui para servir.

SE O pobre representa a imagem de Deus, então nunca é demais o que fazemos pelos pobres.

O NOSSO hospital é como um navio navegando sobre a tempestade, mas tendo como comandante Deus. Por isso ele segue calmo, sereno, nada o perturba.

SE A GENTE ama Deus como Ele deve ser amado, então a gente faz tudo, tudo por Ele, por aquele que representa Deus no pobre, no carente, no necessitado.

A GENTE vive em função da vida dos
pobres. Vivemos os problemas deles.
O pobre, o doente que vem à nossa porta,
é um outro Cristo que nos procura. E nós
devemos recebê-lo de braços abertos,
fazendo tudo por ele.

NOSSOS velhinhos viviam na sarjeta, no chão. Agora, têm conforto, têm amor e todos os cuidados que qualquer pessoa deve receber.

NÃO HÁ nada mais forte que um povo inspirado pela fé. Às vezes amanheço sem nada em casa, e, quando volto, tenho sempre o necessário para aquele dia.

ESTA OBRA não é minha. É de Deus.
E o que é de Deus permanece para sempre.

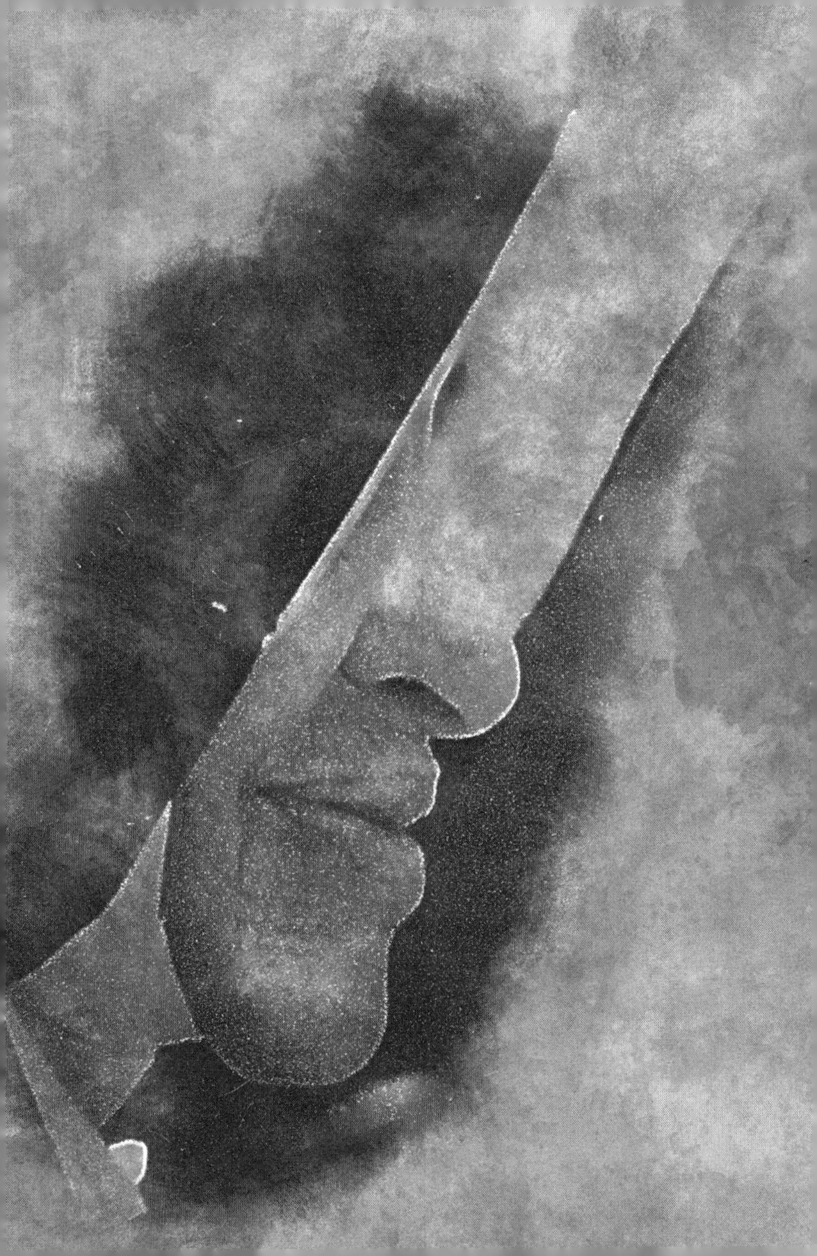

FONTES

A FÉ
p. 24, manuscritos, sem data;
p. 25, manuscritos, sem data;
p. 26, carta à Magdalena, Dulce e Angelina, 14/9/1982;
p. 27, carta à sobrinha Maria Rita, 14/9/1982;
p. 28, carta às irmãs da Associação Filhas de Maria Servas dos Pobres, 08/11/1984;
p. 29, carta às irmãs da Associação Filhas de Maria Servas dos Pobres, 18/1/1987;
p. 30, *Jornal de Notícias*, 13/1/1952;
p. 31, carta à sobrinha Maria Rita, 24/4/1974;
p. 32, carta à sobrinha Maria Rita, 19/9/1981;
p. 33, carta à prima Terezinha, 10/6/1982;
p. 34, carta à Magdalena, Dulce e Angelina, 14/8/1982;
p. 35, carta à Magdalena, Dulce e Angelina, 14/8/1982;
p. 36, carta às irmãs da Associação Filhas de Maria Servas dos Pobres, 18/1/1984;
p. 37, carta às irmãs da Associação Filhas de Maria Servas dos Pobres, 9/3/1984;
p. 38, carta à sobrinha Maria Rita, 6/7/1984;

p. 39 , carta às irmãs da Associação Filhas de Maria Servas dos Pobres, 8/11/1984;

p. 40, carta às irmãs da Associação Filhas de Maria Servas dos Pobres, 12/11/1984;

p. 41, carta às irmãs da Associação Filhas de Maria Servas dos Pobres, 12/11/1984;

p. 42, carta às irmãs da Associação Filhas de Maria Servas dos Pobres, 24/6/1985;

p. 43, carta a Oradia, 26/8/1985;

p. 44, cartas às jovens postulantes, 27/7/1986;

p. 45, *Tribuna da Bahia*, 12/8/1986;

p. 46, manuscritos de Irmã Dulce, sem data;

p. 47, manuscritos de Irmã Dulce, sem data;

p. 48, manuscritos de Irmã Dulce, sem data;

p. 49, carta à sobrinha Maria Rita, sem data;

p. 50, carta às irmãs da Associação Filhas de Maria Servas dos Pobres, sem data;

p. 51, manuscrito, sem data;

p. 52, carta às irmãs da Associação Filhas de Maria Servas dos Pobres, sem data;

p. 53, carta às irmãs da Associação Filhas de Maria Servas dos Pobres, sem data;

p. 54, manuscrito, sem data;

p. 55, *Tribuna da Bahia*, 8/2/1983;

p. 56, manuscrito, sem data;

p. 57, manuscrito, sem data;

p. 58, manuscrito, sem data;

p. 59, Boletim do Banco do Brasil, junho de 1986.

A CARIDADE

p. 62 , *Globo News*, 1994;

p. 63, manuscrito, sem data;

p. 64, carta às irmãs da Associação Filhas de Maria Servas dos Pobres, sem data;

p. 65, carta a Carlos Pereira, 15/7/1968;

p. 66, *Jornal da Bahia*, 15/8/1971;

p. 67, *Revista Bis*, ano XIII, novembro de 1989, n° 418;

p. 68, *Jornal da Bahia*, 15/8/1971;

p. 69, carta às irmãs da Associação Filhas de Maria Servas dos Pobres, 5/4/1987;

p. 70, manuscrito, 15/8/1988;

p. 71, carta às irmãs da Associação Filhas de Maria Servas dos Pobres, sem data;

p. 72, *Tribuna da Bahia*, 26/12/1989;

p. 73, manuscrito, sem data;

p. 74, carta à sobrinha Maria Rita, sem data.

A QUESTÃO SOCIAL

p. 78, manuscrito, sem data;

p. 79, *Tribuna da Bahia*, 27/5/1990;

p. 80, manuscrito, sem data;

p. 81, Boletim do Banco do Brasil, junho de 1986;

p. 82, *A Tarde*, 4/11/1990;

p. 83, *Tribuna da Bahia*, 3/11/1969;

p. 84, manuscrito, sem data;

p. 85, manuscrito, sem data;

p. 86, *A Tarde*, 27/5/1987;

p. 87, *Revista Manchete*, 1983;

p. 88, *Revista Manchete*, 1983;

p. 89, *A Tarde*, 2/2/1984;

p. 90, carta à sobrinha Maria Rita, sem data;

p. 91, carta à sobrinha Maria Rita, sem data.

A ESSÊNCIA HUMANA

p. 94, manuscrito, sem data;

p. 95, carta às irmãs da Associação Filhas de Maria Servas dos Pobres, 18/1/1987;

p. 96, manuscrito, sem data;

p. 97, carta à Magdalena, Dulce e Angelina, 31/10/1982;

p. 98, carta às irmãs da Associação Filhas de Maria Servas dos Pobres, 10/10/1985;

p. 99, carta às irmãs da Associação Filhas de Maria Servas dos Pobres, 10/10/1985;

p. 100, manuscrito, sem data;

p. 101, *Tribuna da Bahia*, 22/8/1988;

p. 102, *Jornal Norvic* da Companhia Petroquímica de Camaçari, dezembro de 1982;

p. 103, manuscrito, sem data;

p. 104, carta à sobrinha Maria Rita, sem data;

p. 105, *Revista Questão*, setembro de 1988;

p. 106, carta à irmã Dulcinha, sem data;

p. 107, carta à irmã Dulcinha, sem data;

p. 108, carta à irmã Dulcinha, sem data;

p. 109, manuscrito, sem data;

p. 110, carta à irmã Dulcinha, sem data.

SUA OBRA

p. 114, manuscrito, sem data;

p. 115, manuscrito, sem data;

p. 116, manuscrito, sem data;

p. 117, manuscrito, sem data;

p. 118, manuscrito, sem data;

p. 119, Ideal de conduta dos profissionais da Obras Sociais Irmã Dulce;

p. 120, *Jornal de Brasília*, 27/1/1983;

p. 121, *A Tarde*, 26/1/1983;

p. 122, *Correio da Bahia*, 16/8/1983;

p. 123, *Correio da Bahia*, 25/5/1984;

p. 124, carta à sobrinha Maria Rita, 6/7/1984;

p. 125, *Jornal da Bahia*, 16/8/1984;

p. 126, *Revista Bis*, ano XVI, março de 1991;

p. 127, *A Tarde*, 26/1/1983;

p. 128, *Tribuna da Bahia*, 12/8/1986;

p. 129, *Jornal de Santa Tereza*, abril de 1987;

p. 130, manuscrito, sem data;

p. 131, manuscrito, sem data;

p. 132, manuscrito, sem data;

p. 133, manuscrito, sem data;

p. 134, *Revista Afinal*, n° 226/227, dezembro de 1988;

p. 135, *A Tarde*, 30/7/1979;

p. 136, manuscrito, sem data.

Esta obra foi publicada no formato 120 x 165 mm
utilizando a fonte Swift
Impressão Mentor
Tiragem de 100.000 exemplares
Salvador, 2019